LA

RESTAURATION DE L'AUTORITÉ,

ou

L'OPÉRATION CÉSARIENNE.

« Comment se peut-il que tant d'hommes, tant de villes, tant de nations supportent quelquefois tout d'un tyran, qui n'a de puissance que celle qu'ils lui donnent, qui n'a pouvoir de leur nuire qu'autant qu'ils veulent bien l'endurer? Chose vraiment surprenante, de voir des millions d'hommes, misérablement asservis, et soumis, tête baissée, à un joug déplorable, non qu'ils y soient contraints par une force majeure , mais parce qu'ils sont fascinés et pour ainsi dire ensorcelés par le seul nom d'*un*, qu'ils ne devraient redouter puisqu'il est *seul*.

« O grand Dieu! Qu'est donc cela? Comment appellerons-nous ce vice, cet horrible vice? N'est-ce pas honteux de voir un nombre infini d'hommes , non-seulement obéir, mais ramper, non pas être gouvernés, mais tyrannisés, n'ayant ni biens, ni parents, ni enfants, ni leur vie même qui soient à eux ? Souffrir les rapines, les brigandages, les cruautés d'un seul; non d'un Hercule ou d'un Samson, mais d'un *hommelet*, souvent le plus lâche, le plus vil et le plus efféminé de la nation, qui n'a jamais flairé la poudre des batailles, mais à peine foulé le sable des tournois... Nommerons-nous cela lâcheté? Appellerons-nous vils et couards les hommes soumis à un tel joug? Si deux, si trois, si quatre, cèdent à un seul, c'est étrange , mais toutefois possible. Mais si l'on voit non pas cent, non pas mille, mais cent pays, mille villes, un million d'hommes, ne pas assaillir, ne pas écraser celui qui, sans ménagement aucun, les traite tous comme autant de serfs et d'esclaves, comment qualifierons-nous cela? Est-ce lâcheté ? Mais pour tous les vices, il est des bornes qu'ils ne peuvent dépasser. Que mille villes ne se défendent pas contre un seul homme ! Oh! ce n'est pas seulement couardise, elle ne vas pas jusque-là. De même que la vaillance n'exige pas qu'un seul homme attaque une armée, conquière un royaume. Quel monstrueux vice est donc celui-là, pour lequel toute expression manque, que la nature désavoue et la langue refuse de nommer ? »

La Boétie, De la servitude volontaire.

LA
RESTAURATION DE L'AUTORITÉ,

OU

L'OPÉRATION CÉSARIENNE.

PAR

Un ex-Représentant du Peuple.

—

I. LA RÉVOLUTION DE FÉVRIER.
— II. L'USURPATION BONAPARTISTE. — III. LA CONSTITUTION DE 1852. —
IV. AVENIR DE LA RÉVOLUTION FRANÇAISE.

BRUXELLES.

LIBRAIRIE DE J. B. TARRIDE, ÉDITEUR,
LONGUE RUE DE L'ÉCUYER, 8.

—

1852

La France, tombée dans une prostration douloureuse, après avoir été trompée et violée par les partis, semblait grosse de quelque chose. Elle devait être à terme. Plusieurs fois même déjà, et notamment au 31 mai, on s'était attendu à un accouchement naturel. Mais les charlatans qui voulaient être parrains du nouveau-né assuraient qu'elle avait encore quelques mois de gestation et que sa délivrance était fixée au printemps de 52. Tous les symptômes cependant démontraient qu'elle n'irait jamais jusque-là. Les médecins patentés ne sachant qu'y faire, il était clair qu'il y aurait surprise, ou avortement.

Là-dessus, un aventurier lui a percé le ventre avec un sabre.

Et la France, renversée dans le sang, ne s'est point relevée. Elle gît muette, livide, sans donner signe de vie. Elle n'est point morte cependant.

Mais elle n'avait rien dans le ventre. La vierge, en se laissant prostituer, était devenue stérile.

Alors, après cette opération césarienne, l'homme de la violence, présentant au bout de son sabre je ne sais quel monstre écrasé il y a un demi-siècle, a dit à la France épuisée et endormie : « Voilà ton enfant légitime. Il se nomme Despotisme. Reconnais-le. Jure-lui dévouement, et jure-moi fidélité; car je suis ton sauveur, ton protecteur et ton seigneur. »

Mais la France, une fois reveillée, n'adoptera point ce fœtus sinistre, et la France n'épousera point César.

La violence et l'hypocrisie étouffent passagèrement la Liberté en France, et la nation semble avoir perdu toute intelligence, tout courage, toute vertu, puisqu'elle demeure courbée sous la main d'un usurpateur.

Mais quelque douloureux que soit le spectacle de cette « *servitude volontaire,* » demeurons, nous, comme le juste d'Horace, *impavides* sous les ruines de la République. Car nous savons bien que la Liberté est immortelle dans le pays de Rabelais et de Montaigne, de Corneille et de Molière, de Voltaire et de Rousseau.

Que signifie un fait, même suivi d'un nombre? Les zéros ne comptent pas en morale et en vérité.

Le consentement humain est un élément de certitude et un signe de vérité, à condition de lumière; et les suffrages du 20 décembre, enlevés à la pointe des baïonnettes, n'ont été éclairés que par le scintillement des épées et le feu des canons.

S'il y a des millions de Français assez timides ou assez aveugles pour subir ou même consacrer l'esclavage, qu'est-ce que cela prouve contre un seul homme qui affirme la Liberté?

Combien étions-nous de républicains en 1830? Nous avons cependant traversé dix-huit ans de monarchie, toujours républicains, toujours fermes dans notre espérance. Et en 1848, combien étions-nous? Les espions de Philippe, qui prétendent nous avoir comptés, disent 5 mille à Paris et 20 mille dans toute la France. Mais nous avions avec nous la justice et la vérité, et la République a été acclamée, librement cette fois, sans ruse et sans violence, sans état de siége, sans proscription ni déportation, sans armée ni mitraille.

A présent, combien sommes-nous? Quelques milles ou quelques millions. Qu'importe! Allons toujours vers la lumière et la Liberté. Quant à moi, j'y marcherai inflexiblement, dussé-je n'avoir, comme dit le poëte, que mon ombre derrière moi.

Londres, 21 janvier.

I

La Révolution de Février n'a rien révolutionné du tout, ou si peu de chose que ce n'est pas la peine d'en parler. Et ne faisant rien, elle s'affaissa petit à petit, moitié par consomption, moitié par empoisonnement. La force brutale vient de l'achever.

Il y a cette différence essentielle et caractéristique entre la Révolution de 89-93 et la Révolution de 1848, que celle-ci a toujours été en déclinant, tandis que la première alla toujours en montant.

De 1789 à 1794, depuis l'ouverture des États-Généraux jusqu'au 9 thermidor, quelle progression ascendante!

Au contraire, quelle décadence, de 1848 à 1852, depuis l'expulsion de Louis Philippe jusqu'à la dictature de Louis Bonaparte!

Ici les dates des défaites se pressent, de mois en mois, comme là-bas la date des triomphes.

24 février 1848, — 17 mars, 16 avril, 15 mai, 23 juin, etc.

5 mai 1789, — 17 juin, 14 juillet, 5 et 6 octobre, etc.

Ici, la dictature Cavaignac, l'élection de Bonaparte, le meurtre de la Répu'lique romaine, le 13 juin, le 31 mai, le 2 décembre.

Là-bas, le 20 juin, le 10 août, la Convention, le 21 janvier, les victoires des armées républicaines, la Constitution de 93, Robespierre.

C'est que la première révolution avait toujours été active. Son œuvre était déterminée. Elle connaissait bien ses ennemis qui s'appelaient Noblesse et Clergé. Sa main suivit son esprit qui était prêt. Elle n'hésita point et frappa pendant cinq ans, jusqu'à ce que tout fût renversé. L'action c'est la vie.

Au contraire, la Révolution de Février ne savait trop que faire.

Une révolution naît pour détruire ce qui a caractérisé le régime précédent, ce qui est devenu insupportable, ce qui a été longtemps maudit.

Or, la Révolution du xviii° siècle arrivait après un régime où les deux ordres privilégiés avaient torturé la France jusqu'au sang, l'avaient ruinée et dégradée, en sorte que tout le monde savait où il fallait frapper. Les cahiers rédigés sur tous les points de la France se trouvèrent unanimes dans leurs griefs et leurs réclamations, et de même la Constituante fut unanime sur les réformes qu'elle opéra : à bas la Noblesse et le Clergé! Ce n'est que plus tard, et par complément au programme, qu'on ajouta : à bas la Royauté! Aussi la Royauté ne tomba pas avec la tête du roi, tandis que la Féodalité et le Catholicisme sont restés par terre.

Mais la Révolution de 1848 n'eut pas une idée aussi nette de sa mission. N'est-ce point parce qu'elle succédait à un régime, qui, malgré son avilissement, n'avait rien eu d'excessif, de profondément caractérisé, si ce n'est peut-être sa corruption et sa faiblesse, à un gouvernement de *juste milieu*. Les gouvernements constitutionnels, neutres et mixtes, modérés et tempérés, avaient dissimulé la question révolutionnaire, puisqu'ils étaient un mélange de liberté et d'autorité, une transaction et une conciliation entre le peuple et le prince, entre l'avenir et le passé, une sorte de contrat synallagmatique, qui était censé résulter du consentement national et fonctionner par le concours national, une machine à bascule qui élevait tour à tour le pouvoir ou l'opposition, une roulette qui pouvait faire gagner alternativement la rouge et la noire.

C'est pourquoi, sans doute, la Révolution de Février fut aussi une révolution de juste milieu, anodine, bourgeoise, impotente et nonchalante, sans haine et sans passion, magnanime comme on dit, et partant neutre. Comme il n'y avait rien d'assez haut pour exciter la vengeance, on laissa rez-terre toutes les constructions anciennes, toutes les assises du passé, qui devaient être les pierres d'attente de la contre-révolution.

L'opinion publique, sous le règne précédent, n'avait indiqué avec persistance qu'une seule réforme, qui fut, en effet, réalisée à peu près, mais sans intelligence, la réforme électorale. Sauf l'élargissement du droit électoral, les représentants officiels de Février ne songèrent pas à transformer quoi que ce soit, ni l'armée, ni le clergé, ni la magistrature, ni l'administration, ni les finances, ni l'économie sociale, ni même l'essence du pouvoir exécutif. Ils crurent en cela correspondre suffisamment aux exigences de la Révolution.

Sous le Gouvernement provisoire, sous la Commission exécutive, comme dans la Constitution, l'essence du pouvoir exécutif demeura invariable. La présidence ne fut qu'une royauté déguisée. Le nom seul et les personnes étaient changés. Et la société française tout entière demeura, comme ci-devant, monarchique de la base au sommet.

Je sais bien que le peuple et de généreux penseurs intervenant, caractérisèrent d'une autre façon le grand soulèvement du xix° siècle, qui aspire à l'abolition du prolétariat et de la misère, à l'Egalité, à une rénovation sociale dans le monde du travail, de la richesse et de la propriété. Mais c'était là un caractère général de la Révolution, qui ne se trouva point immédiatement perceptible pour l'ensemble de la nation française, la misère n'ayant pas été le caractère spécial du règne de Philippe, auquel on semblait attribuer, au contraire, un certain bien-être des travailleurs, l'aisance matérielle, une prospérité assez vulgaire.

Le socialisme vint donc compliquer le problème de la démocratie, déjà si peu compris, au moment de Février, par le peuple et par ses représentants.

Pourtant n'est-il pas tout simple que la République ou la démocratie, c'est la négation de l'Autorité, le gouvernement du peuple par lui-même, l'abolition de tout gouvernement de l'homme par l'homme?

Émancipation, affranchissement, liberté, responsabilité, dignité, souveraineté absolue, permanente, universelle, c'est là le sens de la civilisation, de l'histoire, de la philosophie, du travail de l'esprit humain, depuis trois siècles surtout. C'est là le caractère de l'avenir. Sans cela, l'histoire et toutes ses révolutions n'auraient aucun sens.

Mais la nation ne demandait pas encore à n'être plus gouvernée du tout. Le préjugé constitutionnel d'une conciliation possible de l'Autorité et de la Liberté n'était pas encore détruit.

Le 24 février, un des hommes les plus spirituels de la Chambre des Députés, entendant le peuple exiger la nomination d'un gouvernement provisoire : « Soyez tranquilles, dit-il, vous aurez un gouvernement! »

La Révolution laissa donc debout tous les anciens instruments de la monarchie, si bien qu'il n'y avait plus qu'à les prendre pour abattre la Révolution et restaurer le passé.

Depuis quatre ans, les vieux partis se sont disputé le monopole de ces terribles machines de guerre. A qui l'armée? à qui l'administration? Aux orléanistes, aux légitimistes? Insensés! l'armée, l'administration, la police, le clergé, la magistrature, étaient, comme toujours, à celui qui les nomme et qui les paye : au pouvoir exécutif.

Ainsi l'usurpation odieuse, consommée le 2 décembre, se charge de ramener le peuple français égaré, l'Europe, le xixe siècle, à la question primordiale qu'ils doivent résoudre à la Liberté.

C'est pourquoi, sans doute, l'Autorité a pris une forme absolue et son extrême exagération.

Pour que l'avenir détruise le passé, pour que la vérité détruise l'erreur, il faut que l'erreur se matérialise, s'incarne, s'exagère, se grossisse jusqu'à crever les yeux.

Alors tout le monde dit : Voilà où il faut frapper.

La Révolution de Février ne savait trop que détruire. Quatre années de réaction, l'attentat du 2 décembre, la Constitution du 14 janvier, enseigneront aux révolutions futures où est l'ennemi. A présent, le parti populaire ne sera plus embarrassé. A présent, connaissez-vous César? C'est César, ou l'Autorité, qu'il faut exterminer.

La Renaissance et la Réformation ont presque aboli le Pape. La Philosophie et la Révolution n'ont pas encore aboli l'Empereur. Regardez-le : le voici. Voyez ce qui le constitue : la force et la ruse. Il est lion et renard, comme disait Machiavel. Voyez quels sont ses instruments : l'épée et la croix, la balance et le bâton, en faisceau sur un sac d'argent; l'armée qui tue, le clergé qui bénit, la police qui empoigne, la magistrature qui condamne, l'administration qui opprime, l'impôt qui paye tout. Voilà le Césarisme.

La prochaine révolution aura pu étudier sur ce temps-ci tous les secrets du despotisme, tous les piéges du gouvernement de l'homme par l'homme. César a démasqué tout son arsenal. La chose est si évidente, aujourd'hui, que toutes les nuances du parti républicain et socialiste doivent s'accorder dans cette première conspiration : A bas César!

Nous étions impuissants à cause de notre désunion et de la dispersion de nos forces. Le fait, plus efficace que la raison, nous unira contre César.

N'est-ce pas là l'enseignement qui ressort de l'attentat du 2 décembre et de la Constitution du 14 janvier?

N'est-ce pas l'explication de ces phénomènes surprenants et qu'on dirait impossibles, cent ans après Voltaire et Rousseau, soixante ans après Mirabeau et Robespierre, si malheureusement la France n'était pas à la merci de César.

II

L'histoire de l'usurpation du 2 décembre et de la Constitution du 14 janvier est déjà écrite, dans son ensemble et même dans ses détails curieux. Elle n'est que le pastiche du 18 brumaire et de l'établissement du Consulat.

Mais l'humanité vivante ne saurait se prêter au néant, à l'annulation de son initiative sans cesse renaissante, de son génie toujours actif. C'est donc une entreprise folle que de tenter le calque du passé. L'histoire ne se répète point; tout au plus reprend-elle le dernier mot d'un précédent récit pour continuer le poëme de la destinée invincible.

Lorsqu'en 1799 le général Bonaparte revint subitement d'Égypte avec son ambition mystérieuse, il interrogea toutes les intrigues qui s'agitaient autour du Directoire expirant. Il cherchait à deviner où était la force. Car « il savait bien qu'il fallait d'abord s'emparer du pouvoir, pour le constituer ensuite à son gré (1). »

Le président Louis Bonaparte, par l'imprudence ou la trahison d'une Constitution monarchique, était investi déjà du pouvoir sur toutes les forces organisées de la société, moins la force législative ou parlementaire.

Durant le cours de sa magistrature temporaire, il n'eut donc que deux préoccupations constantes, afin de conquérir un pouvoir illimité et absolu :

1° Subalterniser le pouvoir législatif, son rival, son surveillant et même son supérieur d'après la Constitution de 48; et l'annuler, s'il ne parvenait pas à l'entraîner dans le sens de son ambition;

2° Assurer et augmenter son influence personnelle sur les instruments confiés à sa loyauté supposée et à son serment solennel, afin de les contourner à son intérêt exclusif.

C'est là toute la politique de l'Élysée depuis le 10 décembre 1848.

Épuration de tous les fonctionnaires publics, suspects d'attachement à la République et aux anciens partis; mutations dans l'armée, dans la magistrature, dans la finance, dans l'administration, dans la police. Partout, des créatures bonapartistes, s'engageant pour seul devoir à l'obéissance passive. Corruption par le budget, par les faveurs, par les décorations, de tous les agents principaux du pouvoir absolu, de l'armée surtout, qui est le premier instrument du despotisme; création de gens d'armes de tout calibre et sous tous les noms; séduction du clergé, des journaux, des capitalistes. Abolition de toutes les libertés qui entravent l'action du gouvernement; enfin, perfectionnement de la centralisation, afin de concentrer toute l'autorité dans une seule main.

Le pouvoir législatif, il le caresse ou il l'insulte tour à tour. Tantôt il s'engage avec lui dans la répression la plus odieuse, pour le compromettre, sauf à le renier; tantôt il s'en sépare, en se donnant des airs de libéralisme. Deux rôles : la déférence envers le parlement, par l'organe des ministres, et l'hostilité perfide, quand on s'adresse à la nation. Toujours la guerre, sourde ou patente, dans les journaux payés par l'Élysée, affirmant que l'Assemblée seule empêche le président de faire le bonheur de la France. Enfin on veut savoir si le pouvoir législatif favorisera l'usurpation du prince. On enrégimente des pétitionnaires, des pamphlétaires, des députés, et on demande la prorogation et l'extension du pouvoir. L'Assemblée hésite, puis refuse.

Dès lors, le sacrifice du pouvoir législatif et de la Constitution, le parjure et le coup d'État, furent résolus.

Le bonapartisme était installé dans l'armée, dans les préfectures, dans la police, dans la chaire, dans la presse, partout. Les fusils étaient prêts. On groupa les agents décisifs de l'usurpation : ministère obscur et servile; chefs militaires, choisis parmi des aventuriers perdus de dettes ; quelques conjurés, perdus de réputation. Le personnel était là. On n'attendait que l'occasion d'agir.

Pour dernière intrigue, afin d'embarrasser l'Assemblée, et sous couleur de démocratie, on revendiqua le suffrage universel qu'on avait détruit; on feignit une politique nouvelle , et les chefs de la Montagne, ambitieux et aveugles, croyant que le pouvoir venait à eux, reconnurent tout à coup « leur homme » dans le chef ou le complice de la contre-révolution !

Et lorsque le parlement, menacé par une conspiration presque à terme, voulut la prévenir et se défendre , les montagnards bonapartistes consacrèrent l'omnipotence du prince sur l'armée !

La majorité royaliste s'était perdue en refusant au peuple le suffrage; la minorité soi-disant républicaine se perdait en sacrifiant l'Assemblée au prétendant impérial. Le pouvoir législatif et représentatif n'existait plus que de nom. Il s'était suicidé. Il n'y avait qu'à souffler dessus pour le disperser.

Alors on ne se gêna plus. On fit injurier les représentants, chaque matin, suspendant à deux pouces de leur collet la main hideuse de la police, les menaçant de l'eau, du feu et du fer, faisant briller au-dessus de la tribune l'épée nue des prétoriens.

Restait la nation à tromper. Jusque-là, sauf son serment, et quelques insolents messages, le prince n'avait rien dit. Il semblait que la fausse république dût être le règne des muets : le premier meurtrier de la Révolution, le héros des fusillades de juin, de l'état de siége et de la transportation, avait été muet comme un moine de Zurbaran ; le héros du 29 janvier et du 13 juin, muet ; le héros de l'expédition contre Rome, muet. Mais au moment de rendre aussi la nation muette, le prince se mit à parler. Au moment de supprimer la presse, il se mit à écrire. Discours et brochures dévoilèrent son intention. Pour la première fois depuis quatre ans, il prononça le mot de république. Il affirma son patriotisme et sa sollicitude pour le peuple. « Les tyrans d'aujourd'hui, dit la Boëtie, avant de commettre leurs crimes, même les plus révoltants, les font toujours précéder de quelques jolis discours sur le bien général, l'ordre public et le soulagement des malheureux. » De même, au 18 brumaire, les conspirateurs du Conseil des Cinq Cents s'écriaient avec un feint enthousiasme : « Égalité, Liberté, République, noms chéris, noms sacrés ! » Et le général Bonaparte disait : « Nous voulons une république fondée sur *la vraie liberté*, sur la liberté civile, sur la représentation nationale ; nous l'aurons, je le jure ! — Nous voulons la République assise sur les bases de l'Égalité, de la morale, de la liberté civile et de la tolérance politique. — Évitons de perdre ces deux choses pour lesquelles nous avons fait tant de sacrifices, la Liberté et l'Égalité ! — Sauvons l'Égalité, la Liberté ! — Qu'on ne croie pas que je tiens ce langage pour m'emparer du pouvoir après la chute des autorités (1). »

Le lendemain, les députés républicains étaient chassés de l'Orangerie par des grenadiers, et le général Bonaparte était premier Consul.

Lorsque le président Louis Bonaparte se mit ainsi à invoquer la Révolution et le peuple, lorsque, comme à la veille du 18 brumaire, ses journaux dénoncèrent des conciliabules secrets et d'effroyables conspirations, il fut facile de comprendre que le dénoûment approchait, et que César allait « sauver la République ! »

Les complices du dernier moment étaient peu nombreux, mais dignes de la confiance du maître. Ils s'étaient fait connaître par

____
(1) Buchez.

leur immoralité, par leur mépris du peuple et de tout ce que l'humanité respecte; épicuriens fameux par une exploitation heureuse des mauvaises passions de leur temps; le principal d'entre eux, gentilhomme du même sang féminin que le prince, s'était, à la tête de la majorité sous Louis-Philippe, déclaré « satisfait » de la corruption! Le coup d'État devait être un coup de fortune pour tous ces roués coalisés contre la République.

Avec de pareils conjurés, l'attentat eut une allure très-cavalière. Habitués au succès par des moyens illégitimes, spéculant sur le mal. considérant le peuple comme une multitude stupide, grossière, ignorante, superstitieuse, égoïste, servile et lâche, ils combinèrent tout pour le surprendre et le tromper, pour le fusiller et l'épouvanter.

S'adressant d'abord à la Crédulité imbécile, ils parlèrent de suffrage universel et de souveraineté populaire. Et le peuple a donné dans le piége d'un vote illusoire, sous l'état de siége, entre la mitraille et la prison!

Puis, s'adressant à la Peur, ils étalèrent leurs baïonnettes et leurs canons dans la ville, massacrèrent des groupes inoffensifs, saccagèrent des maisons paisibles, et quand la soldatesque ivre et furieuse eut fait régner le silence et la mort, loin de laver le sang sur les pavés, on exposa les cadavres sur les places publiques, en pleine lumière!

Au 24 février, c'était la Révolution qui montrait ses victimes pour exciter la vengeance; au 4 décembre, ce fut l'Autorité qui se barbouilla de sang, pour exciter la terreur.

Hélas! la nation française, justifiant, en ces jours néfastes, l'audace et le mépris des conspirateurs, s'est trouvée, comme ils la supposaient, trop aveugle ou trop débile pour défendre la Liberté. Hélas! c'est par l'hypocrisie et par la terreur qu'ils ont réussi!

A présent, il faut voir si ce peuple qui, depuis soixante ans, combattait pour la justice, supportera les suites de sa défaillance. L'esprit français, cette chose impalpable, innombrable, et cependant plus réelle que la matière, plus puissante que le nombre, cette âme collective qui échappe aux faits et qui ne dépend pas d'une addition trompeuse, qui est aussi lumineuse, aussi irrésistible, dans un million d'hommes que dans sept millions, cette opinion publique qui de quelques hommes libres peut s'étendre à la multitude abusée, cet esprit humain qui est la vérité et qui entraîne l'histoire à ses fins providentielles, ne sauraient s'évanouir devant la force. Le Christ a vaincu le César antique. La Liberté vaincra l'Autorité.

III

Après l'attentat du 18 brumaire et le renversement de la Constitution de l'an III, un décret chargea les « commissions législatives, » remplaçant les Conseils des Anciens et des Cinq Cents, de faire une nouvelle Constitution. Il est vrai que le consul Bonaparte les convoqua chez lui au Luxembourg, les présida, les fit délibérer en sa présence, et, malgré la résistance de Sieyès, dicta à sa guise la Constitution de l'an VIII.

M. Louis Bonaparte, méprisant tout concours, s'est chargé de rédiger lui-même l'acte qui prétend régler l'avenir du peuple français, et il a fait un chef-d'œuvre rappelant cette phrase ironique de Voltaire dans *Candide* : « C'est une chose admirable que le gouvernement des jésuites du Paraguay : los padres y ont tout, et les peuples rien; c'est le chef-d'œuvre de la raison et de la justice. »

Mais pourquoi une Constitution? une Constitution suppose un contrat entre deux ou plusieurs parties qui stipulent librement leurs droits et leurs devoirs, et qui prennent des engagements réciproques. On conçoit un pareil traité dans le gouvernement représentatif et la monarchie *constitutionnelle*, où la nation reconnaît le pouvoir, moyennant la liberté que le pouvoir lui garantit. Mais dans le despotisme pur, comme dans la démocratie pure, il n'y a point lieu à Constitution, puisqu'il n'y a qu'une partie existante : ici, le peuple dans son unité et sa souveraineté indivisible; là, le monarque absolu, absorbant la nation et la souveraineté dans sa personne, et pouvant dire, comme Louis XIV ou Napoléon : l'État c'est moi. Sous l'ancienne monarchie de droit divin, il n'y avait point de Constitution, quoique la France eût encore certaines immunités, représentées par les états généraux, les assemblées provinciales, les parlements, etc. Il n'y a point de Constitution dans les pays despotiques, ni en Russie, ni en Turquie. Le Tzar et le Sultan sont maîtres de tout, et cela leur suffit. Les sujets leur appartiennent et n'ont rien à réclamer. Le champ ne réclame pas contre son propriétaire, ni la pièce de monnaie contre la poche qui la contient.

Les Constitutions furent inventées comme transaction et trêve, au milieu des luttes du peuple contre la royauté et des atteintes que la démocratie naissante portait au vieil absolutisme.

Depuis l'attentat du 2 décembre, la France n'est plus dans une de ces crises. Le combat est fini, le peuple annulé. M. Bonaparte est pour le présent, et veut être pour l'avenir, souverain maître, un peu plus souverain que Napoléon ne le fut il y a un demi-siècle, Louis XIV il y a deux siècles, le seigneur féodal au moyen âge, l'empereur romain de la décadence. Il est trop honnête et trop modéré vraiment : l'octroi de cette charte inimitable, où il figure seul, était superflu pour consacrer sa dictature. Et quand il s'engagerait à quelque tolérance vis-à-vis du pauvre peuple, son engagement a perdu tout crédit, puisqu'il a violé son premier serment, volontairement proféré « en présence de Dieu et devant le peuple français. » Il n'y a que le premier parjure qui coûte. Encore celui-ci ne paraît-il pas lui avoir coûté.

La Constitution bonapartiste organise la tyrannie la plus complète qui ait jamais existé en aucun pays. C'est la concentration du pouvoir exécutif, du pouvoir législatif, du pouvoir religieux, du pouvoir militaire, du pouvoir diplomatique, du pouvoir judiciaire, du pouvoir inquisitorial, du pouvoir administratif, du pouvoir municipal, du pouvoir financier, du pouvoir éducateur, du pouvoir commercial, l'absorption de tous les modes de la vie humaine dans les mains du chef de l'État. C'est l'autocratie perfectionnée à son suprême degré. On a traité le socialisme de rêve, sous prétexte qu'il faudrait des anges pour le réaliser. L'utopie de M. Bonaparte n'est pas faite non plus pour des hommes. Il faudrait des brutes pour la subir.

Le premier article de ce beau plan d'absolutisme « reconnaît, confirme et garantit les grands principes proclamés, en 1789. » Oh ! la bonne garantie qu'a la nation !

Quels sont donc ces principes proclamés par l'Assemblée Constituante ? En première ligne, la représentation nationale, librement élue, faisant les lois et votant les impôts en toute liberté. Puis, la liberté sous toutes ses formes, liberté de conscience, de pensée, de parole, de presse, de réunion, d'association, de correspondance, de domicile, de profession, de vote, etc. Mais, comme disait le consul Bonaparte, à propos de la Constitution de l'an VIII : « Une Constitution ne doit pas contenir tous ces *détails*. On y pourvoira avec le temps et par des lois. » On sait comment les lois du Consulat et de l'Empire y ont pourvu, quoique cependant la Constitution de l'an VIII, infiniment plus libérale que celle de 1852, consacrât les droits du citoyen, l'élection, indirecte il est vrai, de *tous* les fonctionnaires, y compris les sénateurs, les tribuns, les législateurs, les conseillers d'État, les ministres, les juges de première instance, d'appel, de cassation, et même de la haute cour, l'élection directe des juges de paix, le vote libre de l'impôt, le vote législatif de la guerre, des alliances et du commerce, la publicité des comptes de finance, le jury, la responsabilité des ministres, l'inviolabilité du domicile, la liberté individuelle, la propriété.

De tout cela et des autres « principes de 89, » il n'est pas question dans la Charte impériale du 14 janvier. Au contraire, tous les droits imprescriptibles « garantis » par l'art. 1er sont audacieusement ou hypocritement niés par tous les articles qui suivent. La garantie de l'art. 1er vaut la garantie du serment de M. Louis Bonaparte.

Mais, quelle que soit la perfection de ce mécanisme de l'Autorité, si adroitement ajusté par le prince, n'y a-t-il point cependant quelque ouverture pour la Liberté? Toute cuirasse a son défaut; et la Vénus de Milo a les siens.

Eh bien, la machine de M. Bonaparte est comme une chaudière à vapeur, sans aucune soupape. Aussi ne manquera-t-elle point d'éclater sous la main du chauffeur.

Le prince-président, chef de l'État, gouverne et fait les lois, au moyen des ministres, du sénat et du corps législatif; il commande les forces de terre et de mer, déclare la guerre, fait les traités de paix, d'alliance et de commerce, nomme à tous les emplois, fait les règlements et décrets nécessaires pour l'exécution des lois. La justice se rend en son nom; il a le droit de grâce; il sanctionne les lois et sénatus-consultes; il déclare l'état de siége; il désigne son successeur. Les ministres ne dépendent que de lui, et ne peuvent être mis en accusation que par le sénat. C'est le sénat qui fixe la liste civile du président. Les ministres, les membres du sénat, du corps législatif et du conseil d'État, les officiers de terre et de mer, les magistrats et tous les fonctionnaires publics prêtent le serment ainsi conçu : Je jure obéissance à la Constitution et fidélité au président (art. 2 à 18).

Qu'est-ce que le sénat?

Le sénat est composé de 80 membres et pourra être porté à 150. Les sénateurs, nommés par le président, qui peut leur accorder des dotations, sont inamovibles et à vie. C'est le président de la République qui nomme le président et les vice-présidents du sénat, convoque et proroge le sénat, fixe la durée des sessions; les séances sont secrètes. Le sénat modifie et interprète la Constitution. En cas de dissolution du corps législatif, il prend toutes les mesures nécessaires à la marche du gouvernement. Tous les sénatus-consultes sont soumis à la sanction du président (art. 19 à 33).

Premier instrument qui appartient complétement au chef de l'État.

Qu'est-ce que le corps législatif?

Il y a environ 250 législateurs nommés isolément, pour six ans, sans rétribution, par le suffrage universel. Ils votent les projets de loi et l'impôt, sans amendement. Ils ne peuvent recevoir aucune pétition. Les sessions durent trois mois; les séances peuvent être secrètes sur la demande de cinq membres. Le compte-rendu des séances est interdit; on ne peut publier que le procès-verbal du président. C'est le président de la République qui nomme ce président du corps législatif et les vice-présidents, qui convoque, ajourne, proroge et dissout le corps législatif (art. 34 à 46).

Second instrument à la discrétion du chef de l'État.

Les conseillers d'État, au nombre de 40 à 50, avec un traitement de 25.000 fr., nommés par le président et révocables par lui, rédigent les projets de loi et en soutiennent la discussion devant le sénat et le corps législatif (art. 47 à 59).

Une haute Cour, composée de magistrats nommés par le président, juge, sans appel, les crimes, attentats ou complots contre le président ou contre la sûreté intérieure ou extérieure de l'État (art. 54 et 55).

La magistrature, nommée par le président, est inamovible (art. 6 et 26).

Les maires, nommés par le président, peuvent être pris hors du conseil municipal (art. 57).

Les décrets rendus par le président, depuis le 2 décembre jusqu'à la constitution future des grands corps de l'État, ont force de loi (art. 58 et dernier).

Le tout « fait au palais des Tuileries par Louis Napoléon, et vu et scellé du grand sceau par le ministre de la justice. »

Ainsi, le sénat, le conseil d'État, les ministres, les officiers, les magistrats, les maires et tous les fonctionnaires quelconques étant nommés par le président, sans condition aucune, ne représentent donc que sa personne et son bon plaisir.

Reste seulement le corps législatif, nommé par « le suffrage universel. » Mais qu'est-ce que le suffrage universel? le prince n'a-t-il pas soutenu pendant un an que la loi du 31 mai, qui supprimait des millions d'électeurs, maintenait le suffrage universel? Comment s'exercera ce suffrage? Par petits groupes, qui choisissent tous les six ans, chacun un député, sans comités électoraux, sans réunions électorales, sans liberté de la presse, ni d'aucune sorte. Et à supposer qu'on ne dicte pas des conditions nouvelles à l'électorat, l'éligibilité aura les siennes, dont la première est la richesse, puisque les législateurs n'ont aucun traitement. L'autorité aurait du malheur si elle ne faisait pas nommer ses candidats. Mais il faut supposer que tous les hommes indépendants s'abstiendront du vote et de la candidature; car tout est nul de soi, depuis le 2 décembre, le président de la république, en se mettant hors la loi, y ayant mis tout le monde. D'ailleurs, le serment de fidélité au dictateur et d'obéissance à la Constitution, imposé aux élus du peuple, écarterait forcément du corps législatif tout républicain.

Mais que peut faire ce corps législatif? Absolument rien de contraire à la volonté du dictateur. C'est « un corps sans rang, sans yeux, sans oreilles, » suivant le mot de Napoléon. Il ne s'assemble que sur la convocation du maître, qui en nomme le président; il ne peut proposer aucune loi; il ne peut amender ou corriger les projets du gouvernement, ni le budget; il faut qu'il vote par oui ou non, comme au 20 décembre. S'il vote non, le maître le renvoie et fait voter par le sénat l'impôt et tout ce qui lui plaît. Puisque le président peut dissoudre le corps législatif et gouverner, légiférer, tailler et corvéer, sans lui, c'est comme s'il n'y avait point d'assemblée représentative.

L'art. 42 la prive, d'ailleurs, de toute publicité, et si quelque membre avait, par impossible, des velléités d'indépendance et de critique, personne n'en saurait rien, le président nommé par M. Louis Bonaparte rédigeant la seule pièce qu'il soit permis de publier.

Que reste-t-il encore? Rien.

On se demande comment, voulant exercer et exerçant, en effet, le pouvoir absolu, le prince y emploie une machine si compliquée, quand il eût été bien plus simple et moins trompeur de se passer du sénat et du corps législatif, qui ne font qu'enregistrer les décrets du monarque. Suivant Lucien Bonaparte, « il ne fallait à la République qu'un président, un conseil d'État, des ministres et des préfets (1). » Comment M. Louis Bonaparte, qui s'applique à suivre toutes les traditions de cette famille astucieuse et cruelle, à laquelle il appartient, sinon par le sang, du moins par son éducation et par son orgueil, n'a-t-il pas supprimé tous les rouages inutiles de la Constitution de l'an VIII, comme il en a supprimé le tribunat? N'est-ce point que toutes ces places et sinécures sont le secret et le ressort de la domination, le soutien et le fondement de toute tyrannie? « Ce ne sont pas les armes qui défendent un tyran, mais bien toujours quatre ou cinq hommes qui lui assujettissent tout le pays. Il en a toujours été ainsi que cinq ou six ont eu l'oreille du tyran et s'y sont approchés d'eux-mêmes, ou bien y ont été appelés par

(1) Buchez.

lui, pour être les complices de ses cruautés, les compagnons de ses plaisirs, les complaisants de ses sales voluptés et les copartageants de ses rapines. Ces six en ont sous eux six cents qu'ils dressent et qu'ils corrompent. Ces six cents en tiennent sous leur dépendance six mille qu'ils élèvent en dignité, auxquels ils font donner ou le gouvernement des provinces, ou le maniement des deniers publics, afin qu'ils favorisent leur avarice ou leur cruauté, et qu'ils fassent d'ailleurs tant de mal qu'ils ne puissent se maintenir que par leur propre tutelle, ni s'exempter des lois et de leurs peines que par leur protection. Grande est la série de ceux qui viennent après ceux-là. Et qui voudra en suivre la trace, verra que non pas six mille, mais cent mille, des millions tiennent au tyran par cette filière et forment entre eux une chaîne non interrompue qui remonte jusqu'à lui (1). »

De liberté quelconque, il n'y en a donc pas trace dans la Constitution de 1852, et la nation n'a plus aucun moyen légal d'exprimer ses sentiments et ses idées : ni imprimerie, ni presse, ni tribune, ni pétition ; elle est littéralement désarmée de tout, de la parole comme du fusil. Elle est fatalement acculée à une révolution, qui est plus difficile aujourd'hui que le 2 décembre et qui sera plus difficile dans trois mois qu'aujourd'hui, mais qui se fera cependant, un peu plus tôt, un peu plus tard. Car, même sans armes et sans liberté, une nation de 36 millions d'âmes est toujours plus forte qu'un tyran et ses satellites. Il lui suffit de le vouloir.

Il est remarquable que le souverain-rédacteur de la Constitution n'a point prévu le cas de la nomination de son successeur ; car il est entendu qu'un prochain sénatus-consulte lui imposera, comme le sénat de l'an x à Bonaparte, « un nouveau sacrifice à l'intérêt de l'État, » le gouvernement à vie. Aussi l'éventualité de sa mort est-elle seule mentionnée, et suivie d'un article 17, imité de l'art. 42 du sénatus-consulte de l'an x, qui transforme en pouvoir héréditaire ce pouvoir déjà censé viager : « Le chef de l'État a le droit de *désigner* au peuple le nom du citoyen qu'il recommande à la confiance du peuple et à ses suffrages. » C'est, suivant l'interprétation du *Constitutionnel*, « une hérédité facultative, pour suppléer à l'hérédité monarchique, une hérédité dans la pensée, nouvelle cause de sécurité pour la nation. » Car il va sans dire que le suffrage est là uniquement pour consacrer le successeur désigné ; le sénat, qui gouverne dans l'interrègne, devant poser la question comme au 2 décembre, par oui ou non, après avoir préalablement décrété l'état de siége et fait charger les fusils.

(1) La Boëtie.

Ainsi se trouve organisé *à jamais* l'ordre bonapartiste, c'est-à-dire le meurtre de l'Esprit et de la Liberté, après le meurtre ou la proscription des défenseurs de la République. Le nouveau dictateur en a pour garantie « son étoile » et le serment que prêteront tous ses subordonnés.

Le 19 brumaire, c'étaient, au contraire, les nouveaux consuls qui juraient, sans pudeur, « fidélité inviolable à la souveraineté du peuple, à la République française une et indivisible, à l'Égalité, à la Liberté, au système représentatif. » Mais M. Louis a bien fait de se dispenser de ces fariboles. On ne se prête pas serment à soi-même, et les malintentionnés auraient pu lui rappeler son serment du 21 décembre 48.

Ainsi se trouve close *à jamais* la Révolution française, comme disent les journaux de l'Élysée; comme disaient les Constituants, en se séparant après la Constitution de 91; la Convention, après la Constitution de 93; le Directoire, après la Constitution de l'an III; le premier Consul, après la Constitution de l'an VIII; les Bourbons, après la Charte de 1814; les d'Orléans, après la Charte de 1830. Il n'y a que la Constitution de 1848 qui ait eu la modestie de ne pas s'attribuer l'immortalité.

A présent, pour que Louis-Napoléon qui « *sait ce que veut la France,* gouverne librement nos affaires, pour qu'il aille jusqu'au bout de sa politique, » comme dit *le Constitutionnel,* pour que la Liberté périsse et que le despotisme vive, il faut cependant encore quelques conditions, malgré la Charte de janvier et l'abolition de la presse et de la tribune. La France impériale ne pourra plus parler ni écrire; fort bien. Mais on a parlé et écrit avant nous. Il faut donc brûler les bibliothèques, en France, en Europe, partout. Car tant qu'il y aura des livres de par le monde, « l'ordre et la société » seront menacés. Mais par malheur les livres ne se sont-ils pas imprimés dans les intelligences? Il y a des « coquins » qui sont capables de savoir Voltaire par cœur!

Mais ce n'est pas tout. La conversation! les salons, l'atelier, le coin du feu! tant que deux hommes seront ensemble, ils parleront de liberté. Il faut donc briser toutes les relations du commerce, de l'industrie, de la science, des beaux-arts. Il faut briser tous les liens de l'homme avec ses semblables, l'amitié, l'amour, la paternité. Il faut disperser la famille. Il faut dissoudre la société!

Mais on ne peut pas mettre chaque homme et chaque femme au système cellulaire, comme dans la prison de Mazas!

Comment donc faire?

IV

Puisque la restauration de l'Autorité est impossible, absurde, contradictoire à l'esprit humain, il n'y a donc de possible, de rationnel, de légitime, de sympathique au xixe siècle, que la Liberté. Car les gouvernements constitutionnels, les transactions seront désormais impossibles, à cause des leçons du passé. Les gouvernements, sans cesse assaillis par des oppositions ambitieuses, souvent renversés par des révolutions populaires, savent bien qu'on ne peut pas s'asseoir sur une lame de rasoir. Les Bourbons n'ont-ils pas tenté de retourner à la monarchie pure, Louis-Philippe à l'autocratie personnelle? M. Bonaparte n'a fait que ce que Bourbons et Orléans, et tous rois plus ou moins constitutionnels, ont voulu ou voudraient bien faire. De son côté, la Révolution, toujours escroquée par les gouvernements qu'elle a eu la naïveté de créer, doit commencer à comprendre que le moindre germe de l'Autorité se développe avec une rapidité effrayante et envahit bientôt la Liberté. L'expérience et la logique la poussent irrésistiblement à la démocratie pure. Il n'y a plus de juste-milieu.

M. Bonaparte, éclairé par sa monomanie, a mis le doigt sur la question, dans son préambule qui est une moquerie cruelle de la bonhomie des révolutionnaires :

« La France, dit-il, a conservé l'organisation administrative, militaire, judiciaire, religieuse, financière, du Consulat et de l'Empire... *Notre société* actuelle n'est autre chose que la France organisée par l'empereur... C'est le premier consul qui a rétabli l'unité, la hiérarchie et les véritables principes du gouvernement. *Ils sont encore en vigueur : l'administration* unitaire, la *magistrature* inamovible, notre admirable *système financier*, la banque de France, l'établissement des budgets, l'organisation de la *police*, nos *règlements militaires*, le *Code Napoléon*, le *Concordat*, enfin la plupart des mesures qui concernent l'industrie, le commerce, les lettres, les sciences, les arts. — La charpente de notre édifice social est l'œuvre de l'empereur, et ELLE A RÉSISTÉ A TROIS RÉVOLUTIONS ! »

Quoi ! la société actuelle, que nous appelions une démocratie, sans avoir pris le soin d'en changer les institutions, est encore la société impériale ! Quoi ! trois révolutions, la Révolution populaire de Février, ont été assez inintelligentes et imprévoyantes pour ménager « l'administration, la magistrature, l'impôt, la police, l'armée, le clergé, le Code, » tels qu'ils avaient été organisés pour le despotisme de Napoléon !

Oui vraiment. Aussi le prince demande-t-il avec aplomb « pourquoi les institutions politiques, *créées par la même pensée,* ayant la même origine et la même tendance, n'auraient pas le même caractère d'utilité pratique et la même chance de durée. »

Assurément, le pouvoir exécutif et législatif, absolu, est le couronnement harmonique de ces autres pouvoirs, qui n'en sont que les instruments. Les hommes « d'ordre et d'autorité » seraient fort embarrassés de contredire la logique du nouvel usurpateur.

Mais la démocratie socialiste aura peut-être le bon sens de retourner l'argument.

Puisque l'Administration, la Magistrature, l'Impôt, la Police, l'Armée, le Code et le Concordat, qui sont encore la charpente de notre édifice social, ont été créés par la pensée du despotisme, la Révolution, qui est Liberté, Égalité, Fraternité, doit les abolir.

Ce raisonnement vaut bien celui du prince, et il a le mérite de s'accorder avec la tendance de l'histoire et de la philosophie, avec tous les sentiments du xixᵉ siècle.

C'est là, en effet, le point essentiel et primordial pour fonder la démocratie. La tentative de M. Bonaparte pour restaurer le pouvoir absolu, produira, du moins, ce résultat, il faut l'espérer, de faire maudire « un édifice social », si bien accommodé au despotisme. Il n'y avait pas assez de vrais démocrates pour une vraie République ; car si dans une monarchie, où l'action se concentre en un seul, il importe peu que les sujets soient royalistes, pourvu que les institutions soient fortes, le monarque résolu, l'armée fidèle,—dans une démocratie, où l'action appartient à tous, il faut que les citoyens aient la conscience de leur dignité, de leur individualité, de leur souveraineté. Heureusement, le régime impérial va faire promptement des républicains. Puisque la France est en demeure de choisir entre l'esclavage et la démocratie, elle choisira la Liberté, « plus précieuse que la vie même, » selon le mot de Cervantes.

Le programme politique de la Révolution prochaine est donc clair désormais, grâce à M. Bonaparte. L'opinion publique cette fois, la passion, la haine, qui manquaient en Février, sauront à quoi s'en prendre et ce qu'il faut détruire pour édifier une « société » nouvelle, conforme à la justice, à la Liberté, à l'Égalité, à la vérité.

sa souveraineté, consacrât encore l'armée qui l'a fusillé, la magistrature qui l'a déporté, la police qui l'a inquisitionné, l'administration qui l'a persécuté, l'impôt qui l'a ruiné, le clergé qui l'a abruti, le code qui l'a dépouillé.

Les armes de César seront donc brisées, et César, ayant disparu dans la tempête, comme Romulus, le peuple se trouvera encore devant un troisième maître dont la destinée est de disparaître après le Pape et l'Empereur, après la superstition et le despotisme, — devant le Capital.

Depuis la *liberté de penser*, la liberté de conscience, la liberté intime et religieuse, conquise, en droit du moins et en esprit, vers le XVIe siècle, trois siècles ont à peine suffi pour conquérir la *liberté de parler*, d'écrire, d'imprimer, de voter, la liberté civique et politique. Combien faudra-t-il de temps encore pour conquérir la *liberté d'agir*, de travailler, de produire et de consommer, la liberté économique et sociale? Mais nous ne pouvons pas changer les saisons historiques. Nous ne sommes que les jardiniers des idées qui poussent. Soignons bien, du moins, malgré les hivers, les trois plantes sacrées dont les générations précédentes nous ont transmis la graine, afin que) Liberté, l'Égalité, la Fraternité s'élèvent dans les airs, qu'elles fleurissent et donnent enfin leurs fruits.